AF460994

HISTOIRE
ET
AVANTURES
DE
MILORD PET.
CONTE ALLÉGORIQUE,

*Par Madame F**.*

A LA HAYE
Chez GOSSE JUNIOR.

M. DCC. LV.

A MESSIEURS

LES VUIDANGEURS,

De la Ville & Généralité de Paris, Seigneurs des basses Œuvres du Royaume, appartenances & dépendances.

MESSIEURS,

Quoique le noble Emploi que vous exercez ne me permette pas de m'approcher de vos redoutables personnes, j'ose cependant de loin & sauf respect, vous présenter un Ouvrage qui est de votre ressort, & que je ne puis dédier à d'autres sans injustice. Si ce Livre mérite votre approbation, je suis assuré de celle du Public; comme tout le monde est instruit de vos rares connoissances ſur les matieres que je traite, chacun réglera ſes ſuffrages ſur les vôtres; car du moins en cette matiere, ſinon dans toutes les autres, ce qui eſt de votre goût eſt du goût de tout le monde. Daignez donc, MESSIEURS, *uſer de quelque indulgence envers mon Ouvrage, qui ne pouvoit être traité dignement que par vous-mêmes, ſi votre zéle & vos occupations pour le bien Public, vous en avoient laiſſé le loiſir. Je me flatte que j'aurai quelque part à ce fond de bonté qui ſe répand ſans ceſſe ſans s'épuiſer, & que vous ferez rejaillir juſqu'à moi quelque portion de ces benignes influences dont chacun ſe reſſent. C'eſt déja une gloire pour moi d'avoir l'occaſion de marquer publiquement la profonde vénération avec laquelle j'ai l'honneur d'être,*

MESSIEURS,

Votre très-humble & très-obéiſſante ſervante JEANNE FESSE.

HISTOIRE

DE

MILORD PET.

J'OFFRE ici la Vie d'un Héros célébre, qui a rempli toute la terre du bruit de son nom, quoiqu'on ne lui ait pas toujours rendu la justice qu'il méritoit ; d'un mortel extraordinaire, qui du sein de la misére & de l'humiliation est monté au faîte de la gloire ſans autre ſecours que celui du mérite ; d'un avorton & en même tems d'un prodige de la Nature, que la terre d'abord ne jugea pas digne d'elle, & qui s'élevant peu à peu au-deſſus de la terre, fit juger à ſon tour qu'elle n'étoit pas digne de lui. Cette Hiſtoire, quoique courte, peut devenir intéreſſante par les ſentimens que le Héros peut inſpirer. L'obſcurité de ſon nom ne doit pas rebuter les Lecteurs. Un eſprit juſte le trouvera d'autant plus grand dans ſa gloire, qu'il lui aura vu faire plus de chemin pour y arriver

CHAPITRE PREMIER.

Naissance de Milord Pet.

MILORD Pet naquit à Culote, Ville des Pays-Bas, entre les embrassemens de deux sœurs jumelles ses cousines nommées Fesses. Sa mere Gros-ventre ne le porta pas long-tems. Les grands hommes sont d'abord formés. Ce fut pour ses parens un fruit prématuré, & comme l'avant-coureur d'un fils tout différent qu'ils attendoient. C'est pourquoi ils n'eurent d'abord que du mépris pour ce malheureux avorton, & ils se reprochoient même de lui avoir donné l'être. Mais ayant été ensuite frustrés dans leur attente à l'égard du second, ils rendirent à celui-ci avec le droit d'aînesse leur estime & leur affection. Ce qui lui fit donner sur-tout la préférence sur son puîné, c'est que les défauts qu'il avoit apporté en naissant alloient toujours en diminuant, au lieu que celui-là perséveroit non-ſeulement dans les ſiens, mais devenoit même toujours plus inſupportables. Il avoit de plus cet avantage qu'il jaſa dès ſa naiſſance, au lieu que l'autre demeura muet toute ſa vie. Il fut donc élevé dans la maiſon, & comme ſous les yeux de ſes parens, tandis que ſon frere fut répudié & chaſſé pour ne plus reparoître.

CHAPITRE II.

Caractere de Milord Pet.

IL n'y eut point d'enfance pour notre petit Milord. Moins matériel que ſon frere, il fut homme fait preſque tout-à-coup. Il étoit doux & affable envers tout le monde ; mais ſur-tout envers ſes parens qu'il baiſoit & careſſoit ſans ceſſe juſqu'à l'importunité. Il faut le dire à ſa louange, il ne fut jamais ingrat. Mais libéral envers tout le monde, ſes premieres faveurs étoient pour ceux de qui il tenoit l'être. Il étoit extrémement causeur & babillard. Quoiqu'il ne sçut rien, il n'y avoit presque point de discours qu'il n'interrompit pour y placer quelque mot de sa façon. Il étoit subtil, adroit, insinuant, (car ce sont là aujourd'hui des vertus parmi les hommes,) mais d'une adresse & d'une subtilité si admirable, qu'il échappoit quand on croyoit le tenir, & qu'on l'avoit souvent sous les yeux sans l'appercevoir. Je ne dois pas dissimuler aussi qu'il avoit quelques défauts. Il se ressentoit de la bassesse de son origine. Ses mœurs n'étoient pas polies, il étoit prompt & brutal, & fort peu de gens pouvoient se vanter de n'avoir pas eu sur le nez & les oreilles dans ses emportemens. On lui reprochoit encore d'avoir l'haleine forte, mais ce défaut venant plutôt de la nature que de l'éducation, on auroit dû le lui passer, si les hommes pouvoient entendre raison, quand il s'agit de leurs avantages. Il ne passoit pas pour avoir de l'esprit, mais il devoit avoir de la prudence, car il se comportoit en tout avec poids & mesure, & il ne fit jamais rien sans fondement. Il étoit libéral & prodigue jusqu'à forcer le monde d'accepter ses services. Il étoit badin & boufon, & ses saillies piquantes pour les uns recréoient les autres; de sorte qu'on ne sçauroit placer cette qualité ni parmi ses vertus ni parmi ses vices, puisqu'elle le fit proscrire de certains lieux & rechercher en d'autres. Curieux jusqu'à l'indiscrétion, il vouloit être par-tout, & ce qui est mauvais, pour tout gâter & tout empoisonner.

Il avoit aussi plusieurs talens, entre autres celui de la persuasion. A peine avoit-il parlé qu'on sçavoit tout ce qu'il avoit à dire ; de sorte qu'une seule de ses paroles valoit un discours entier. On l'accusoit cependant d'être caché, parce qu'on ne pouvoit pas toujours l'atteindre, mais c'étoit plutôt adresse que déguisement, car on ne pouvoit lui disputer la franchise. Il avoit de la voix, & ce talent lui fit beaucoup d'honneur, comme on le verra dans la suite. Il avoit aussi de la disposition pour jouer des Inſtrumens ; & le Vent du Sud ſon pere, lui ayant apporté un Tambour au retour d'une certaine Foire, quoiqu'il fut encore fort jeune, il ſçut ſi bien s'en ſervir qu'on comprit dès-lors que ce ſeroit là un jour ſon grand talent. Il ſçavoit ſe faire craindre de ceux qui ne vouloient pas l'aimer. On l'accuſa d'être vindicatif, mais c'étoit dans le cas d'une juſte défenſe. Il ne faiſoit du mal que quand on vouloit lui en faire. On aſſure que pluſieurs eurent lieu de ſe repentir d'avoir attenté à ſa liberté ; voici un trait qui confirme cette vérité, comme il prouve ſa valeur. Je l'avance ſur de bons garants comme tous les autres faits de ſa vie.

CHAPITRE III.

Milord Pet mépriſé pour ſes défauts, victorieux dans un duel, ſoutenu à la Cour.

Les grands talens ne rendent pas toujours eſtimables ; ſur-tout quand ils ſont effacés par quelque grand défaut. Il n'y avoit point eu d'enfance pour Milord Pet, mais il y eut une jeunesse. Il fut étourdi, évaporé, aimant le bruit & le désordre. De sorte que la Ville de Culote & tout le Païs-Bas retentissoient du tintamarre qu'il faisoit. Il laissa même entrevoir quelques signes de dérangement & de corruption ; & la mauvaise odeur du vice qu'il répandoit par-tout, annonçoit assez où il s'étoit gâté. Il devint donc odieux & insupportable. On ne pouvoit le voir, on ne vouloit l'entendre nulle part. Ses parens mêmes ne l'aimoient plus tant. De ſorte que dans un Païs libre il ſouffroit une eſpéce d'eſclavage, & étranger dans ſa propre Patrie il ne ſe reſſentoit point des Libertés Gallicanes. Mais la Providence dont les ſoins s'étendent à tout, lui ménagea une avanture à la Cour, qui lui rendit ſa liberté, ou qui du moins adoucit ſa ſervitude.

Un pauvre Gentilhomme de Province qui briguoit une Penſion auprès du Roy, ayant obtenu une Lettre de recommandation pour un de ſes Miniſtres, voulut la remettre lui-même. Comme il étoit dans l'attente du succès qu'auroit cette Piéce dont ce Seigneur faisoit la lecture, il s'apperçut que Milord Pet naturellement curieux, vouloit se glisser avec lui dans le Cabinet. Cet homme timide & respectueux, s'imagina que ce seroit un crime capital d'introduire un tel troisiéme dans un tête à tête aussi sérieux, & d'ailleurs il craignit de manquer sa fortune. Il fit de si grands efforts pour éloigner l'importun & pour cacher le combat, qu'il en fut griévement incommodé; car ſon adverſaire repouſſant & renvoyant tous ſes traits contre lui-même, il fut maltraité dans cette eſpéce de duel, & penſa expirer ſur le champ de bataille. Il fut bleſſé ſurtout au bas ventre, & par les tranchées de Colique qu'il eut pendant quelque tems, on craignit que les boyaux ne fuſſent intéreſſés. Le Miniſtre témoin de cette rencontre en fit le rapport au Roy, qui accorda au vaincu la Penſion qu'il demandoit, & au Vainqueur ſa grace accompagnée de pluſieurs autres faveurs. Car ayant examiné

miné d'une part le tort qu'on lui avoit fait, & de l'autre les inconvéniens qui pouvoient résulter d'un usage contre nature, déclara la vengeance de Milord Pet juste & permise. Et pour qu'on ne s'exposât plus dans la suite à la vivacité de ses ressentimens, il ordonna qu'il ne lui seroit plus fait aucune insulte, & qu'il lui seroit livré des passe-ports & sauf-conduits, par toutes les terres de son obéissance.

CHAPITRE IV.

Milord Pet Soldat.

L'Ordonnance du Roy pleine de ſageſſe & d'équité, étant exécutée dans tout le Royaume, Milord Pet ne reçut plus tant d'inſultes de la part des François. Et voyant qu'il lui étoit libre de voyager, il réſolut de quitter les Païs-bas, ſoit parce qu'il ne s'y croyoit pas encore bien libre, ſoit parce qu'il vouloit reſpirer un air plus pur. Il étoit tems d'embraſſer un état de vie, il y pensa mûrement ; & le parti des armes lui paroissant le plus conforme à son inclination, il se joignit à un Régiment *, qui étoit en garnison à Culote. S'il est vrai qu'il fut aussi dérangé qu'on l'avoit cru, il avoit besoin de cette école pour y perdre tous ses défauts. Il y fut reçu avec plaisir, & appellé *Bonne Odeur* de son nom de guerre. Le rafraîchissement qu'il paya à tous les Soldats le jour de son entrée commença à le faire connoître, mais il se distingua sur-tout

* C'est-à dire de Pour.

dans l'essai qu'il fit de ses forces quelque tems après par des prodiges de valeur, dont on n'avoit point vû d'exemple avant lui. Il combattoit seul contre tous, renversoit les uns, mettoit en fuite les autres, tous furent effrayés, & se déclarerent vaincus. Surpris de tant de courage, ils ne pouvoient se lasser d'en parler, & ils craignoient déja qu'il ne leur passât sur le ventre à tous; mais il dégénera bien-tôt de sa premiere valeur, il avoit le défaut de se montrer tout à la fois, au lieu de faire durer ſa gloire en la ménageant. Le Héros s'évanoüit preſque en ſe montrant ; & toute ſa gloire s'en allant en fumée, ils virent fuir en lâche celui qui s'étoit annoncé en Héros. Sa chute fut d'autant plus grande qu'il avoit paru plus élevé, & comme la lâcheté ne peut ſe paſſer dans un Soldat, il fut chaſſé du Corps. On le dégrada, on le fit paſſer ſous le Drapeau*, & on le conduiſit avec de grandes huées hors du Camp.

* C'eſt-à-dire la Chemiſe.

CHAPITRE V.

Milord Pet est fait Tambour Major.

SE voyant chassé honteusement du Corps des des Gris vetus, Milord Pet ou Bonne Odeur quitta tout de bon la Ville de Culote, ou bien de mauvais traitemens lui avoient fait éprouver la vérité du Proverbe, que personne n'est généralement estimé dans son païs. Il traversa les longues Plaines d'E-

* C'est-à-dire des Poux.

chine, où il rencontra un Régiment d'Amazones *, composé de plusieurs bataillons. Elles étoient en guerre avec le grand Maître du monde **, & s'étoient déja emparées de plusieurs Places. Il examina pendant quelque tems l'ordre de leur marche, & la conduite de leurs opérations. Il y en avoit qui étoient en garnison dans les Places, d'autres alloient à la découverte. Il fut charmé de leur légéreté. Il marchoit en battant la Caisse, car nous

* C'est-à dire de Puces.

** C'est-à-dire l'Homme.

avons déja remarqué que dès ſon enfance il avoit eu du goût pour cet Inſtrument. Les Amazones, naturellement volages, avoient beſoin d'un Tambour pour les raſſembler dans le beſoin. Elles lui propoſerent cet emploi qu'il accepta. Il lui fut facile de s'y diſtinguer, étant né avec ce talent, & l'ayant toujours cultivé. On l'entendoit de tout le Camp, & même de toute la Plaine. Il ramenoit par ſes chamades les négligentes à leur devoir, s'il y en a dans ce Corps. Il rappelloit les Maraudeuſes,

car

car elles ſont fort en uſage de vivre aux dépens de leur ennemi. Il les animoit toutes au combat ; & les avertiſſoit quand il falloit monter à l'aſſaut. On aſſure même que portant ſes ſoins au-delà de ſon emploi, il leur ſervoit de pourvoyeur, & leur diſtribuoit de tems en tems certains rafraîchiſſemens qui étoient de leur goût. En un mot, il étoit aimé, & il eût été heureux dans cet emploi, s'il avoit ſçu s'y fixer, ou plutôt ſi ſon ambition lui avoit permis de s'en contenter. Il forma donc la réſolution de déſerter, & il l'exécuta, mais avec bien de la peine, car il trouva toutes les avenues de cette longue Plaine fermées; & il eut beſoin de toute ſa ſoupleſſe pour franchir les barriéres qu'on avoit mis ſans doute pour l'arrêter.

CHAPITRE VI.

Milord Pet eſt vaincu par une Dévote.

PAr ce que je viens de dire, on peut juger facilement que Milord Pet n'aimoit pas les Femmes. Il avoit même quelque raiſon de ne pas les aimer, car ce Sexe a toujours affecté de l'averſion pour lui ; quoiqu'on aſſure que cette haine n'étoit qu'extérieure, & qu'en ſecret il étoit moins rebuté, parce, dit-on, que c'eſt une routine de pudeur dans les femmes, de déguiſer ainſi leurs amours ſous une indiférence apparente. Quoi qu'il en ſoit, il y eut toujours au moins extérieurement de l'amtipathie entre les Femmes & Milord Pet. Ils parurent même être toujours en guerre. Il remporta pluſieurs avantages ſur elles, & la victoire leur échapoit quelquefois lorſqu'elles croyoient la tenir, ce qui les rendoit plus confuſes. Mais il fut un jour vaincu à ſon tour, & ce fut une Dévote qui eut cette gloire. Le fait m'a paru aſſez amuſant pour ne pas le paſſer ſous ſilence.

La nommée Petronille, Sœur du Tiers-Ordre, étoit un jour dans un coin en un lieu reſpectable, appliquée à la lecture d'un Livre récemment composé par le Pere Janvier, Capucin, ſon Directeur, qui avoit pour titre : Piſtolet de Poche pour aſſaſſiner le péché mortel. C'étoit-là tout autant de raiſons pour fixer ſon attention, & lui rendre cette lecture agréable. Milord Pet entreprit de l'en détourner, ſans doute pour mortifier ſon amour propre. Le Maître du lieu auroit arrêté ce téméraire, s'il avoit eu aſſez de raiſon pour en faire la diférence. Quoiqu'il vint par derriere, il ne put cacher ſa marche & ſes préparatifs à Petronille, rien n'échappe aux yeux des Dévots. Elle ſe diſpoſa à combattre cet ennemi digne d'elle, & à lui diſputer le paſſage, ſous prétexte que c'étoit-là un profane qu'on devoit éloigner du Temple & des Autels. Elle étoit connue au loin pour ſon zéle, qui l'avoit déja portée à d'autres exploits de cette nature. Cependant l'ennemi alloit ſon train, & étoit déja aux trouſſes de la Dévote allarmée, qui, par les contorſions que ce combat lui faiſoit faire, & les élans qu'elle pouſſoit, parut aux aſſiſtans ou aſſaillie de quelque violente tentation, ou ſe diſpoſer à quelque ſcène de Fanatiſme. Enfin elle demeura victorieuſe en partie, du moins elle évita le bruit & le ſcandale. Son ennemi fut obligé de ſe ſauver en fuyard timide, & pour marque de ſa victoire, elle le condamna au ſilence. Confus d'une ſi honteuſe défaite, celui-ci ſe vengea ſans éclat, mais pleinement. Il infecta l'air de noires vapeurs, qu'il traîne après lui, & comme s'il étoit demeuré ſur le champ de bataille, il laiſſa par-tout en paſſant l'odeur d'un Cadavre déja corrompu. Notre pieuſe Héroine n'en demeura pas-là, loin de s'enfler de cette victoire, les ſcrupules s'emparerent de ſon eſprit, & elle ſe crût coupable d'une eſpéce de meurtre. Elle avoit entendu parler en termes cachés d'un crime horrible qu'avoit commis une fille, elle fut aſſez ſimple pour le confondre avec ſa prétendue faute. Elle commença par une rude flagellation à la venger ſur ſon dos. C'eſt-là toujours la partie foible. Ce malheureux eſt toujours le coupable & la victime, il le parut ſur-tout en cette occaſion. Enſuite ne pouvant reſter long-tems chargée d'un tel fardeau, elle courut vomir ce Monſtre aux pieds de ſon Confeſſeur. Maiscomme c'étoit ici une accuſation ſinguliere, elle ne ſçavoit comment s'exprimer pour faire connoître ſon crime. Enfin, pouſſant un grand ſoupir, elle lui dit : Mon Pere, je m'accuſe d'avoir étouffé mon fruit. On peut juger qu'elle fut la ſurpriſe du Pere Janvier qui connoiſſoit mieux la force des termes. Il en fut d'abord déconcerté, mais ayanttoutcombiné,&voyant l'erreur de la pauvre fille : Allez en paix, lui dit-il, pourvu que vous n'ayez pas éteint les lampes de l'Eglise, Dieu vous pardonnera, & je vais vous absoudre.

CHAPITRE VII.

Milord Pet Musicien.

ON ne peut disconvenir que Milord Pet n'eût de grandes qualités pour faire un Héros, il étoit brave, hardi *, bravant le danger au lieu de le craindre, jamais ses coups ne portoient à faux, il tiroit toujours au nez, &

* Intrépide.

jamais il ne manquoit ſon homme. Mais il combattoit ſans régle & ſans prudence ; défaut qui rendoit inutiles tous ſes talens. Content de vaincre il ne s'embarraſſoit pas ſur qui tomboient ſes traits, & il ſéviſſoit contre ſes amis comme contre ſes ennemis. De ſorte que ſa valeur étoit toujours funeſte à ceux de ſon parti : c'eſt ce qui conſoloit de la perte d'un tel Soldat quand il quittoit quelque corps. Il ſe dégoûta enfin de la profeſſion des armes, peut-être de dépit de ne s'y voir pas applaudi. Il revint en France, où il ſçavoit qu'on le voyoit avec plaiſir ; & ayant quitté l'épée, il penſa à mener un autre genre de vie, & ſe détermina enfin pour la Muſique. Il ne paſſa point par les voyes ordinaires: mais ſans autres principes que ceux qu'il avoit reçu de la nature, il fit tout-à-coup le Muſicien, ou plutôt il le contrefit. Il avoit de la voix, comme nous l'avons dit, il ſçavoit même la ménager, & ce qui paroît étrange, c'eſt qu'il chantoit avec quelque goût ; faiſant ſentir tout ce qu'il prononçoit ; de ſorte que les oreilles n'étoient pas le ſeul ſens qui fut affecté de ſes ſons. Il prit avec lui une troupe de vagabonds déſœuvrés ; & animant ſeul cette bande oiſive & impuiſſante, il en forma tout-à-coup un corps de Muſique, qui fut appellé la Muſique des gueux. Là chacun faiſoit ſa partie, ou plutôt c'étoit Milord Pet qui les faiſoit toutes ; il étoit lui ſeul la Muſique vocale & inſtrumentale ; & ce qu'il y a de remarquable, c'eſt que les ſpectateurs ne voyant aucun inſtrument, ils ſembloient les entendre tous ;

car Milord qui imitoit parfaitement le Serpent & le Baſſon, ſçavoit auſſi s'accommoder aux doux ſons de la Flûte & du Flageolet. Leurs chanſons étoient toutes en l'honneur de Crepitus * & de Bacchus ; auſſi étoient-elles aſſorties à ces ſortes de Divinités. Les Cabarets étoient les Temples ordinaires où ils exécutoient leurs Mottets, ils retentiſſoient jour & nuit de leurs chants confus & mâles, l'Orcheſtre ſur-tout ronfloit à merveille, & l'emportoit ſur les voix. Jaloux

* C'eſt le Dieu des Latrines.

de leur gloire, ils ne négligeoient rien pour réussir dans leurs Concerts. Non-seulement ils avoient le soin de bien boire, comme tous les autres Chantres, mais ils usoient encore de certains Légumes, comme de Féves & autres qui pouvoient leur donner de la voix selon l'expérience qu'ils en avoient faite. Au reste, ils étoient si attachés aux Dieux qu'ils servoient, qu'ils ne négligeoient rien de ce qui pouvoit contribuer à leur gloire; & joignant le culte à la louange, ils accompagnoient leurs chants de fréquens encensemens, aufquels les aſſiſtans pouvoient participer, mais que ceux-ci, ſoit par reſpect, ſoit par délicateſſe, refuſoient de partager. L'encens montoit donc avec les ſons, ils ſe perdoient enſemble dans les airs, & leur attiroient pour récompenſe une admirable fécondité.

Milord Pet fut long-tems retenu dans ce corps, dont il étoit l'ame & le chef. La gloire qu'il s'y acquit, & les applaudiſſemens qu'il y recevoit flattoient ſon amour propre; on accouroit à cette muſique

ſique comme à une nouveauté, & ſes talens, dont on avoit horreur auparavant, furent admirés, dès-lors qu'ils furent rares, tant il eſt vrai qu'on eſt eſtimé dans tout genre, pourvu qu'on y excelle. Cependant notre Muſicien perdit dans ces excès; ſa voix s'affoiblit par la crapule, il chantoit plus, mais il chantoit moins fort; il avoit beſoin de quelques jours de diette pour enfler ſes tons. Il quitta donc ſa bande qu'il regardoit déja comme indigne de lui, avec promeſſe cependant de la revoir de tems en tems, & de lui prêter ſes ſervices en certaines occaſions.

CHAPITRE VIII.

Milord Pet Médecin.

QUoique la Muſique fût du goût de Milord Pet, elle ne contentoit pas ſon ambition. Il réſolut d'en faire ſon amuſement, mais non pas ſon occupation. Né pour la gloire & l'élévation; il lui falloit un état plus honorable, & il le cherchoit, lorſqu'une avanture toute ſinguliere le fit Médecin tout-à-coup ſans aucune des formalités ordinaires ; profeſſion où il ne laiſſa pas de ſe diſtinguer , quoiqu'il n'eut jamais reçu le Bonnet de Docteur.

Un Payſan jeune & robuſte s'étant préſenté dans une aſſemblée pour quelque affaire , fit ſon ſalut d'abord comme il put ; mais enſuite ſoit timidité , ſoit ignorance, il ne put dire un ſeul mot pour exprimer ſa Commiſſion. Milord Pet, voyant ſon embarras , parla pour lui , mais d'un ton ſi ferme que tout le monde en fut étourdi. On voulut obliger cet homme de ſe retirer, ou au moins de congédier ſon truchement; mais alors recouvrant la parole; & devenu éloquent tout-à-coup : j'en ſerois bien fâché, dit-il; il m'eſt trop néceſſaire. Tant que je l'ai auprès de moi, je ne crains point les maladies. On ne connoît pas le mérite de ce Médecin. C'eſt une perle dans le fumier. Voyez mon embonpoint : c'eſt l'effet de ſes ſoins & de ſes viſites. Chaque mot qu'il dit eſt un ſigne de vie, & ſa préſence ſeule eſt un ſpécifique. Ayant ainſi parlé, il ſortit comme il étoit entré. Même ſalut, même compliment : on fut indigné de la récidive ; mais enſuite ayant réfléchi ſur ce qu'il avoit dit, dont il portoit la confirmation ſur ſon viſage, ils ne le blâmerent plus tant. En vérité, dit une Demoiſelle de la Compagnie, je crois que cet homme a raiſon ; avec toutes nos cérémonies & nos raffinemens, nous ne cherchons nous autres que ce qui eſt contraire à notre ſanté. Je ne rebutois pas ce Médecin dans mon enfance, & je m'en portois bien. Au lieu que depuis qu'on m'a fait une leçon de le fuir, j'ai la jaunisse, comme s'il vouloit se venger de mon mépris. Je pense comme vous, ajouta un vieillard dont on respectoit les avis. Je ne connoissois point de maladies lorsqu'autrefois plus jeune & moins sérieux je me faisois un plaisir de converser avec lui, au lieu qu'elles semblent toutes m'assiéger, depuis que je me fais une délicatesse de l'entendre. Nous nous gênons en le gênant, & qu'évitons-nous après tout, qu'un peu du train qu'il a coutume de faire dans ses visites? Or le bruit n'est pas ce qu'il a de plus désagréable. Pourquoi ne pas passer les gens avec leurs défauts, sur-tout quand ils nous doivent être utiles? Chacun applaudit: il fut arrêté qu'on feroit l'épreuve du Reméde; & l'ayant faite on s'en trouva si bien, & on donna tant d'éloges à Milord Pet, qu'il devint d'abord célébre & à la mode; car tout a ses vicissitudes dans le monde, sur-tout en France, pour ne pas trahir la vérité en en Hiſtorien fidéle. On ne parloit plus que de lui & de ſescures. Par-tout déſiré pour ſes ſecrets, préſent par-tout par ſa légéreté, il ſoulageoit les uns, il guériſſoit les autres, il en reſſuſcita même quelques-uns. Et un Curé digne de foi m'a aſſuré qu'étant un jour à enſevelir un de ſes Paroiſſiens, il fut étonné d'entendre tout le Peuple s'écrier à la fois : Arrêtez, arrêtez, n'enterrez pas encore cet homme: voilà le grand Médecin qui arrive. Il va le reſuſſciter. Et en effet, Milord Pet ne fit que paroître, lui

lui dit quatre mots à l'oreille, lui présenta au nez quelques senteurs, & tout de suite le mort commença à respirer & à parler, comme s'il avoit voulu répondre à son bienfaiteur. Tout le monde cria au Miracle, d'autant mieux qu'il fit cette cure, comme toutes les autres, sans dépenses & sans préparatifs. Sa seule présence, comme par une admirable simpathie rendoit la santé ou la vie. Il ne laissoit pas cependant de prescrire un certain régime de vie. Il conseilloit la frugalité, il tenoit fort pour la diette, il permettoit le vin, mais ſans excès. Et quand on étoit exact à ſuivre ſes conſeils, il ſe rendoit auprès des malades, & les prévenoit avec cet air d'aſſurance qui annonçoit la guériſon ; au lieu qu'il venoit doucement & comme à demi, lorſqu'on n'executoit pas ſon ordonnance.

Il avoit trop de gloire pour n'avoir pas des envieux. Toute la Pharmacie ſe déchaîna contre lui, & lui fit une guerre ouverte. Les Médecins comme les Ingénieurs faiſoient évacuer toutes les

Places qu'il occupoit, & faisoient creuser des mines par tout où il devoit passer *. Les Chirurgiens apporterent contre lui un Arsenal de petites armes qui n'étoient pas moins dangereuses, & les Apoticaires furent députés pour monter à l'assaut. Ils ne manquerent pas de courage. Que ne fait pas l'homme quand il combat pour ses intérêts ? Ils abbatirent toute la Ville de Culote, renverserent une partie de la Hollande ** sans dessus dessous. Ils se présen-

* Par les Médecines & autres Remédes qu'ils ordonnoient.

** C'est-à-dire la Chemise.

terent devant la bréche avec des eſpéces de Canon d'un petit calibre * pour forcer l'ennemi dans ſes retranchemens. Et malgré la défenſe que faiſoit ce généreux Aſſiégé du fond de la Place, ils firent leur décharge avec une fermeté incroyable. Pour mieux pointer leurs Canons, ils ſe tenoient à genoux, & prenoient pour la plûpart des grandes Lunettes, qui leur ſervoient en même tems de cuiraſſes contre les traits de l'ennemi. Enfin pour derniere reſſource, ils lâcherent les

* C'eſt-à-dire les Seringues.

écluſes à l'exemple des Hollandois, & inonderent le Camp des Aſſiégés, qui furent obligés de faire quelques ſorties toujours au déſavantage des Aſſiégeans : ayant ſoin cependant de laiſſer bonne garniſon dans la Place; de ſorte que laſſé d'un travail opiniâtre & infructueux, ceux-là levérent le Siége, & ſe retirerent vaincus & confus.

CHAPITRE IX.

Milord Pet à la Cour de France.

JE ne dois pas paſſer ſous ſilence le cas qu'on fit de Milord Pet à la Cour, non-ſeulement lorſque ſon nom devint célébre, mais même lorſqu'il étoit encore dans l'obſcurité. Il y eut des Princes & des Seigneurs, qui le prirent ſous ſa protection dans ſa diſgrace même. Ce n'eſt pas peu pour la gloire de notre Héros, que cette illuſtre Capitale ait reconnu ſon mérite. Le jugement de cette Maîtresse des Arts, pouvoit le dédommager du mépris des autres Villes ; peut-être avoit-il appellé en dernier ressort de leur injustice à ce respectable Tribunal.

Il n'y a personne qui n'ait entendu parler du Duc de R**. Il en fit tant de cas, qu'il le prit comme à son service, & l'admit souvent à sa table. Ce qui prouve qu'il avoit quelque esprit, c'est qu'il sçavoit amuser & faire rire celui qui faisoit rire & amusoit toute la Cour ; de sorte qu'il étoit le Boufon du Boufon du Roi. Je pourrois confirmer ce que j'avance par plusieurs faits connus : en voici un seul qui amusura le Lecteur.

Le Duc de R. avoit invité un Ambassadeur à un repas de Cérémonie, où Milord Pet ne devoit pas se trouver. Ce Seigneur s'avisa d'y traîner avec lui P. Rot, monstre hideux & sale, autant détesté en France, qu'il est goûté en certain pays. Au premier aspect le Duc fut offensé, & témoigna son mécontement à l'Ambassadeur, par l'air grave & sérieux qu'il prit contre sa coutume. Cependant il avertit Milord Pet de ſe tenir prêt à paroître en cas que le monſtre étranger ne fût pas renvoyé. Les E** ſont trop fiers pourcéder. Cet Hôte indiſcret perſiſta à retenir P. Rot à table, & affecta même de le placer ſous le nez du Duc. Celui-civoyant l'inſolence pouſſée à bout, fit avancer Milord Pet, qui, d'un ton ferme & hardi ſalua ſa gravité, & lui reprocha ſon impoliteſſe. Enſuite s'étant abouché avec P. Rot, ils ſe trouverent parens, quoique ſortis d'une autre branche, & nés dans un Royaume diférent. L'Ambaſſadeur ne put ſe ſouffrir vis-à-vis d'un tel Convive ; il ſe leva en témoignant ſon mécontentement, & il fut tout de ſuite en porter ſa plainte au Roi, & lui en demander raiſon. Il fût écouté. On obligea le Duc a une réparatiou ; mais une ſaillie le tira d.affaire. Faiſons baiſer les parties, dit il, ce qui eſt paſſé ſoit paſſé, & ſoyons meilleurs amis que jamais. Tout le monde applaudit à cette défaite ingénieuſe. L'Ambaſſadeur même ne put s'empêcher d'en rire, & en faveur du bon mot déclara être satisfait.

CHAPITRE X.

Milord Pet aspire à la Royauté.

LE séjour que Milord Pet fit à la Cour, ne fit qu'allumer davantage son ambition. Tout ce qu'il voyoit sur ce grand Théâtre des Grandeurs humaines piquoit son émulation. En voyant un Héros, il vouloit être Héros : en voyant un Roi, il vouloit régner. Déja célébre par quelques victoires qu'il avoit remportées, aguerri par ſes premiers exploits, la Médecine n'eut plus d'attraits pour lui. Il penchoit pour la gloire des armes. Il préféra l'Epée à la Robe; car l'Héroïſme a quelque choſe de flatteur pour les grandes ames. Se ſouvenant donc qu'il avoit des prétentions ſur le Royaume du Nez, il ſe mit en tête de le conquérir. Ce Pays ſitué ſur une hauteur eſt d'un accès aſſez difficile, mais l'ambition lui donna des aîles; & la nature l'ayant fait plus propre à monter qu'à deſcendre, il y arriva en très-peu de tems. Ces Etats que le droit de naiſſance lui avoit donnés, avoient été occupés, ou plutôt uſurpés par un Tyran nommé *Tabac*. Lequel ne connoiſſant plus de légitime Maître, & ſe croyant tranquille poſſeſſeur, ſe mettoit peu en peine de garder les Places. Milord Pet les trouva donc ouverts, & comme abandonnés. La Conquête ne fut ni difficile ni glorieuſe. Mais comme il y avoit deux Avenues pour y entrer, il partagea ſon Eſcadron en deux corps, en habile Général, afin que toutes les Places ſe trouvaſſent pourvûes en cas d'attaque. Il agit prudemment, car le Général Tabac averti de l'irruption qui avoit été faite dans ſes Etats, marcha en diligence ſur l'ennemi. L'un & l'autre de ces deux Prétendans ſembloit être fondé à demander ce Royaume; l'un alléguoit le droit naturel; l'autre, l'uſage & la preſcription. Il falloit donc que la force en diſposât. C'eſt elle auſſi qui termina le diférent. Les deux armées en vin en: ſouvent aux mains, & fu en:

alternativement victorieuſes. Auſſi leurs forces étoient-elles égales. Elles étoient l'une & l'autre compoſées d'hommes ſi petits, qu'on avoit eu raiſon de leur donner le nom d'Atomes; mais ils étoient ſi prompts & ſi ſubtils, qu'ils ſembloient participer à la légereté des eſprits. Ce Pays fut donc longtems le Théâtre de la Guerre. Une action étoit la préparation à une autre, une victoire annonçoit une défaite, de ſorte que chaque Roi ne jouiſſoit un moment de ſes Etats que pour avoir le chagrin de le perdre, & la honte d'en être chaſſé. Pendant que les deux armées étoient ainſi réduites à ſe conſumer peu à peu par les échecs, & à ſe rallier par de nouveaux renforts, le Général Tabac fit un traité offenſif & défenſif avec la Princeſſe *s'enteur*, dans lequel en cédant à celle-ci une partie des Etats en litige, il l'obligeoit d'entrer dans ſa défenſe. Et par ce moyen devenant plus fort par le nombre, Milord Pet ſe retira par prudence, ſans renoncer cependant entiérement au droit qu'il avoit ſur ces

ces Terres, où il revenoit de tems en tems, par de légeres escarmouches, donner l'allarme à son Rival.

CHAPITRE XI.

Fin de Milord Pet.

CHassé de ses Etats, sans espérance d'y pouvoir rentrer, Milord Pet menoit une vie triste & languissante sur la terre. Ce séjour lui déplut enfin, & il résolut de le quitter. On dit qu'il n'y trouvoit rien qui fut digne de lui, qu'il s'y regardoit comme dans un lieu d'exil & de misere, étant fait pour un autre bonheur. Ce qu'il y a de certain, c'est qu'il s'en éloigna toujours peu à peu; & qu'enfin s'élevant par sa vertu, avec le secours de son pere *, il se perdit dans les airs, & qu'en entrant dans cette nouvelle région, son cœur sembla se dilater comme s'il étoit arrivé à son centre. Ce seroit ici la plus belle partie de cette Histoire, si l'esprit humain pouvoit pénétrer dans les secrets des Cieux; on dit cependant

* Le Vent du Sud.

que Milord Pet après avoir quitté la terre se présenta devant le Concile des Dieux, & qu'ayant fait valoir ses titres d'Enfant du Vent & de la Terre, il avoit assez réussi à prouver son origine divine; mais que les Dieux lui ayant reproché qu'il avoit dégéneré, il ne put se justifier; que Crépitus pour récompenser ses services voulut en faire une Divinité subalterne, ou un demi Dieu; mais que tous les autres Dieux d'une commune voix opinérent à l'établir le Ministre de leur vengeance, en lui confiant le ſoin du Tonnerre; ce qu'il accepta volontiers pour avoir occaſion dans cet emploi de ſe venger ſur la terre du mépris qu'il prétendoit y avoir reçu.

FIN.

www.ingramcontent.com/pod-product-compliance
Ingram Content Group UK Ltd.
Pitfield, Milton Keynes, MK11 3LW, UK
UKHW020951180726
13838UKWH00003B/1253